LE GENIE,

POËME.

LE GENIE,

POËME.

Par M. MERCIER.

A LONDRES,

Et se trouve à Paris,

Chez la Veuve Duchesne, Libraire, rue Saint-Jacques, au
de la Fontaine Saint-Benoît, au Temple du Goût.

Et chez Regnard, Imprimeur de l'Académie Françoise.

M. DCC. LXVI.

LE
GENIE,[*]
POËME.

UR un mont éclairé des rayons de l'Aurore,
J'apperçus le Genie … il méditoit encore.
Oui, Mortels, je l'ai vu cet Ange bienfaiteur,
Environné des Arts qui faisoient sa splendeur.
Dans son œil se peignoit une sublime ivresse,
Son corps souple allioit la force & la jeunesse.
A ce front où brilloit le feu sacré des Cieux,
Je reconnus le fils & le rival des Dieux.

* On a lu un extrait de ce Poëme dans la Séance publique
de l'Académie Françoise du 25 Août 1766.

Il portoit ſes regards ſur le tableau du monde ;
La terre en ce moment plus riche & plus féconde
Se paroit ſous ſes yeux d'un nouveau coloris,
L'Univers lui doit l'ordre & la beauté ſon prix.
Ce qu'eſt un Souverain affermi ſur ſon Thrône,
Revêtu de la Pourpre & ceint de la Couronne,
Commandant par ſon ſceptre à vingt Peuples divers
Il l'étoit ; il ſembloit le Roi de l'Univers :
Sur la foule des Arts étendant ſon Empire
Il tenoit dans ſes mains le Compas & la Lyre.
De ſon vaſte pouvoir tout reſſent les effets,
Il marche dans la gloire, il répand les bienfaits.
Il fixe la nature & ſon œil étincelle ;
C'eſt dans ſes traits ſacrés qu'il cherche ſon modèle.
Son facile crayon annonce la chaleur
La mâle liberté d'un eſprit créateur.
Sa main touche le marbre & le marbre reſpire ;
Il parle, tout s'enflamme aux accords de ſa Lyre.
C'eſt Melpomène en pleurs le poignard à la main,
C'eſt Clio qui conduit l'inflexible Burin,

Ou bien-tôt c'eſt la fiere & ſublime Uranie
Qui des Aſtres errans demêle l'harmonie ;
Ou c'eſt Platon , qui voit d'un œil reſpectueux
Le Dieu qui s'eſt empreint dans l'homme & dans les Cieux.
S'il peint des vaſtes Cieux l'éclatante parure
Son pinceau ſéduiſant rajeunit la nature.
De cent peuples épars il ſerre les liens ;
Ame de l'Univers, il produit tous les biens :
C'eſt une ſource pure , abondante & profonde
Qui roule dans ſes flots tous les tréſors du monde.

Que ſa magnificence étonnoit mes regards !
De quelle ardeur feconde il animoit les Arts !
Il porte ſes tranſports dans des ames glacées
Ses ſons imitateurs colorent ſes penſées.
La timide raiſon ſe traîne ſur ſes pas
Il a frappé le but qu'elle ne connoît pas.

Qu'aime-t'il à tracer ? des Villes embraſées.
Des plus puiſſans états les colomnes briſées.
Comme un foudre vengeur ſa redoutable voix
Va ſous le Diadême épouvanter les Rois.

A iv

Il redit leur orgueil , leur fanglante colere ;

Il dévoile au grand jour leurs affreux caractere ;

Il redit les malheurs d'un peuple gémiffant

Qu'accabloit le mépris d'un defpote infolent.

Il plane ; & de ce monde embraffant la ftructure

De la foule opprimée il époufe l'injure.

Il a vu le défordre & fon être a frémi ;

Il tonne avec grandeur ; les tyrans ont pâli ;

Mais bien-tôt il les voit chancelans fur leur Thrône

Livrés au pâle effroi , la mort les environne ;

On attache l'opprobre à leurs noms odieux ,

O , quels touchans tableaux ; ils font faits pour fes yeux !

Il preffent l'avenir ; ce tribunal fuprême

Jugera comme lui puifqu'il verra de même.

Eft-ce à lui de connoître & les tems & les lieux ,

Et de nos vains décrets le joug capricieux ?

Il paroît tout à coup dans un fiecle bizarre

Et jette un feu plus vif chez un peuple barbare.

Il vole à l'Orient, au couchant , au midi ;

Il s'endort deux mille ans & femble enfeveli ;

Il renaît fur les bords de la mer glaciale ;

Le Czar quitte à fa voix la pourpre impériale ;

La hache qu'il remet dans les mains du Héros

Eft le fceptre des mers qui guide cent vaiffeaux.

L'Egypte le vît naître au milieu des prodiges ;

Lui-même il confacra ces merveilleux preftiges ;

Chez l'Ingénieux Grec, il fut fublime & fin ;

Il fît goûter les Arts à ce peuple Romain ,

A ces fiers Conquerans dont la fuprême gloire

Etoient le droit du fer & le char de victoire.

Au fiecle de Louis plus riche , plus pompeux ,

Superbe , il fit jaillir l'éclat de tous fes feux.

Idolâtre du grand, fa vafte intelligence

A tracé le devoir à l'oifive puiffance.

Ah ! pour rétablir l'ordre en ce trifte Univers

C'eft le pouvoir qui manque à fes deffeins divers.

Je le vis embrafé d'une célefte flamme

Pour le bien des mortels multiplier fon ame.

Son front changeant, m'offroit tantôt Loke & Neuton

Corneille , Montefquieu, la Fontaine & Milton.

Tour à tour, j'entendois la trompette d'Homere,

Et Tyrtée animé d'une audace guerriere,

Et ce joyeux vieillard qui tout en cheveux blancs

Couronnoit la beauté des roſes du printems.

Ici Legiſlateur, il réforme un Empire;

Là, Chantre des combats plein d'un bouillant délire

Sur le Char de Bellonne il monte avec ardeur

Et le ſang de Vénus n'éteint point ſa fureur.

Patriote éloquent, & fougueux Demoſthènes

D'un ſommeil létargique il va tirer Athènes.

Il ſoumit les Gaulois ſous le nom de Ceſar,

Aux plaines de Pharſale arbora l'étendard,

Et bientôt s'enterrant ſous les ſables d'Utique,

Il tombe avec Caton pour la cauſe publique.

　　Indépendant & fier il meſure des yeux

Et l'abîme de l'homme & l'abîme des Cieux.

Quelquefois ſon empreinte eſt ſauvage & groſſiere,

Ses traits deſordonnés, ſa touche irréguliere,

Mais ſa hauteur dédaigne & les régles de l'art

Et ces ſuccès menteurs qu'enfante le hazard.

Regardez ces tombeaux & ces maffes énormes *

L'étonnement fourit à leurs beautés difformes.

Coloffes monftrueux , ces hardis monumens ,

Sont les rudes travaux qu'a refpectés le tems.

Oui , le Génie eft libre , il brife les entraves

Que la Reine du monde impofe à des efclaves.

Puiffante Oppinion , difparois , tu n'es plus ;

Tranquille , il va juger ces antiques abus

Qui fous le nom de loix fervoient la tyrannie :

Les hommes font égaux , le monde eft fa patrie.

Son Palais eft bâti fur le fommet des airs ;

De ce Trône élevé dominant l'Univers ,

Il voit de nos erreurs la courfe vagabonde ,

Et les chefs qu'il faudroit pour le bonheur du monde.

O , fecondez enfin fa prompte activité

Ses loix feront regner la tendre humanité.

Il s'affied comme un Dieu fur la voute Etherée ,

Il prononce....,. auffi-tôt la terre eft éclairée.

---

* Les piramides d'Egypte.

Quel monftre ofe étouffer les préfens de fes mains ?

Reconnoiffons ici l'orgueil des Souverains

Qui s'alarme, s'irrite, & dont l'ame abufée

A l'Etre raifonnable interdit la penfée.

Je vis auprès de lui l'efprit fin, féducteur,

De fes mâles tranfports fubtil imitateur ;

Mais ce qu'eft un éclair près d'un volcan fuperbe ;

Près du Rhône & du Rhin un ruiffeau baignant l'herbe,

Tel il eft ; non l'efprit au fouris gracieux

N'a qu'un feu petillant qui réjouit les yeux.

Il frappe, il éblouit ; c'eft un enfant folâtre

Qui s'amufe & qui plaît, que le monde idolâtre ;

Le vol du papillon n'eft jamais élevé

A careffer les fleurs, il femble refervé ;

Le Génie allumant fes flammes dévorantes

Détruit des préjugés les formes renaiffantes ;

C'eft fon flambeau divin qui dans la nuit des tems

Apporta la lumiere au fein des élemens ;

Il confola le monde & ce fut fon ouvrage :

Des talens, des vertus, il unit l'affemblage.

Il protége le foible & l'obſcur malheureux

Et les venge à jamais d'un mépris orgueilleux.

Il enſeigne les mœurs, la raiſon, la juſtice,

Il punit le deſpote, intimide le vice ;

Pour l'intérét de tous, il montre avec fierté

Les droits ſacrés de l'homme & de ſa liberté.

Tel qu'un arbre planté des mains de la nature

Au haut des Appenins s'éleve ſans culture,

Dont la cime reçoit les rayons du ſoleil

Quand tout dort à ſes pieds dans l'ombre du ſomeil ;

Cedre majeſtueux, tel paroît le Génie.

Amis, j'entends ſa voix mere de l'harmonie.

» La gloire a créé l'homme au Génie élevé

» Mortels ! & dans vos fers il n'eſt plus captivé :

» Formé pour l'Univers par une main divine,

» Il remplit la carriere où le Ciel le deſtine ;

» Et c'eſt lui qui contient les penſers immortels

» De l'immuable beau modeles éternels.

» Son regard pénétrant perce la nuit obſcure

» Ou fe cache, ou plutôt ou fe plaît la nature.

» Le refte des humains voit & ne conçoit pas.

» Dans le luxe endormis leur vie eft un trépas.

» Mais celui qu'embrafa la célefte étincelle,

» Connoit feul la nature ; il exifte pour elle.

» Tout réveille en fon âme un fentiment profond :

» L'Etre qu'il interroge auffi-tôt lui répond.

» Il voit, il eft ému dans l'ombre ou le filence.

» Des objets éloignés il reffent la préfence.

» Vehement ou tranquille, il trouve des attraits

» Dans la pompe des Cieux dans l'horreur des forêts ;

» Et dans fon fein brulant, foigneufement gardées

» Sous d'infinis rapports fermentent mille idées.

» Forcé de les produire il les répand dehors :

» O foible genre humain ce font là tes tréfors !

» Obéis à cet œil qui dirige ta vue

» Qui trouve à tous les Arts une route inconnue.

» Fixe fon vol hardi, ne le mefure pas

» Pour franchir l'Univers les Dieux ne font qu'un pas.

» Favori des beaux Arts, la fougueuſe tempéte

» Pour punir tes talens a grondé ſur ta tête;

» Ne va point murmurer quelque ſoit ton deſtin;

» Eh ! que peut contre toi l'envie au cœur d'Airain?

» Dans ſes propres tourmens ce monſtre ſe dévore

» Quand il ne ſera plus, toi, tu vivras encore;

» Les mortels beniront tes utiles travaux.

» Ne dois tu point payer l'honneur d'être un héros ?

» Apprends donc a ſouffrir... n'eſt tu pas vraiment libre;

» Eh ! quel rang peut valoir cet heureux équilibre ?

» Tu dédaigne Plutus, ſes honteuſes faveurs;

» On ne te trouve point au milieu des flateurs.

» Mon fils rends grace aux Dieux du rayon favorable

» Qui t'a fait éviter un troupeau mépriſable.

» Je te promets mon fils, en tous lieux, en tout tems

» Des plaiſirs toujours purs & toujours renaiſſans;

» C'eſt à toi d'admirer, de jouir, de connoître:

» Viens dans mes bras, ſois y fier d'agrandir ton être;

Il parloit . . . . j'entrevis deux monſtres ténébreux,

La ſuperſtition, le deſpotiſme affreux,

Ils venoient le frapper de leur maſſe ſtupide;

L'Ange des Cieux ſourit & fuit d'un vol rapide;

Il fuit, il va remplir des climats plus heureux;

Ah! craignons de le perdre & connoiſſons le mieux!

F I N.

A P P R O B A T I O N.

J'AI lû par ordre de Monſieur le Lieutenant-Gé-néral de Police, un Manuſcrit intitulé LE GÉNIE, POEME, dans lequel je n'ai rien trouvé qui puiſſe en empêcher l'impreſſion. A Paris ce 4 Septembre 1766.

MARIN.